Odilo Lechner • Joachim Fraitzl

Innehalten

Odilo Lechner • Joachim Fraitzl

# Innehalten

Gedichte zweier Weggefährten

Geleitwort von Albert von Schirnding
Fotos von Hans-Günther Kaufmann

Verlag Sankt Michaelsbund

ISBN-978-3-943135-79-4

Erste Auflage
© 2016 by Verlag Sankt Michaelsbund, München
www.st-michaelsbund.de
Printed in Germany. Alle Rechte vorbehalten.
Umschlaggestaltung: Rudolf Kiendl, München, unter Verwendung einer Fotografie von Valerie Kiendl „Deja de pensar – Lass die Gedanken ziehen" (Camino del Norte / nördlicher Jakobsweg, hinter Pobeña, September 2016)
Layout und Satz: Rudolf Kiendl, München
Herstellung: Friedrich Pustet GmbH & Co. KG, Regensburg

# Geleitwort

Innehalten setzt Bewegung voraus, die unterbrochen wird, Innehalten als Atemschöpfen, vergleichbar der Pause in einer musikalischen Komposition. Aus dieser Pause entspringt, in diese Pause springt ein das Gedicht zweier Weggefährten. Der Singular steht für 21 Gedichte des einen, 35 Gedichte des andern, weil sie aus ein und demselben Ursprung kommen: dem Unterwegssein hin zu einem Ziel, das Ruhe verspricht, jene Ruhe, die das ruhelose Herz nach dem Wort des Augustinus am Anfang seiner „Confessiones" erst in Gott findet. Das heißt aber, dass für Gedichte solcher Herkunft nur zwei Zustände des lyrischen Ich in Frage kommen: das tiefe Ungenügen am Jetzt, das als ein Noch-Nicht erfahren wird, somit als etwas Negatives, Mangelhaftes, Vorläufiges, oder das nicht minder tiefe Glück eines Augenblicks, der im Vorschein des noch ausstehenden Ziels leuchtet. Beides wird in den Gedichten dieses Bandes an vielen Stellen Laut und Wort.

So ist vom Licht die Rede, das in das den mühsam Aufsteigenden umfangende Dunkel bricht, dem Vogelgesang, in dem sich das Wunder der Schöpfung gegen alles Unzulängliche der Wirklichkeit kundtut, von den Händen eines Krankenpflegers, die den von Schwäche und Angst heimgesuchten Patienten wunderbar beruhigen, vom Aufbruch in eine Leichtigkeit, die einstweilen nur punktuell erreichbar ist und die keine „geheuchelte" sein darf, von der ruhenden Nabe im sich drehenden Rad als dem vorweggenommenen

Ende der Ruhelosigkeit. Aber eben auch von Zweifel, Versagen, „falscher Seligkeit", Einsamkeit, Qual. Solange wir unterwegs sind, und wir sind es, solange wir leben und bei Sinnen sind, kann es nicht anders sein. Vielleicht ist uns weltlichen Sterblichen ein Benediktiner-Abt im Hinblick auf das Ziel ein wenig voraus. Aber auch er teilt die Not unseres Nur-Gast-auf-Erden-Seins.

Weggefährten sind unentbehrlich. Nicht nur einander. Jeder bringt seine eigenen mit; unsichtbar gehen sie an seiner Seite. Im Gedicht werden sie sichtbar: Benedikt, Jesus, aber auch Iphigenie, Medea, Eurydike, Händel und Bach, ein anonymer Alter.

Viele dieser Gedichte sind Gebete. Vielleicht ist das der Ursprung, der gewöhnlich meist verborgene Grund aller Kreativität, namentlich des lyrischen „liebesdiensts der weitergabe".

*Albert von Schirnding*

Odilo Lechner

Gedichte

*Klostergarten und Christusplastik*
*(2016)*


Durch unseren Garten
gemeinsam gehn,
in der Mitte stehn
umherschaun und warten.

Dann den Blick wenden
hin zum Christusstein.
Zu ihm unterwegs sein.
Er wird alles vollenden.

## *Monte Cassino*
*(1996)*


Zyklopenmauern des alten Tempels,
ein Jahrtausend schon vor Benediktus.
Aus der Höhle war er gekommen,
in deren Enge er suchte,
dem unendlichen Gott zu gehören.
Hier auf dem Berg wird er finden,
dass alles sein ist, die Weite des Landes
rings um Cassino, Himmel und Erde.

Aufbau des Neuen: Kirche und Kloster,
Erde, die auflebt in der Gegenwart Gottes,
alles befriedet im Strahl seiner Liebe.
Mächtige Quadern tragen den Turm,
in dem Benedikt lebte und nachts
das alles umfassende Licht erschaute.
Mit seiner Schwester ist er unter der Kirche
im Dunkel der Erde verborgen.
Drüber wölbt sich golden die Kuppel,
die Verklärung und Wandlung ansagt,
auch für unser Leben und Sterben.

## *Jakobsleiter*
*Zu einem Bild der Jakobsleiter in St. Bonifaz (1996)*

Such ich noch immer jene Leiter
Die von der Erd zum Himmel führt?
Verliert sich nicht mein langer Weg
Im grauen Unbekannten?
Kein Aufstieg trägt sich selber weiter
Und jede Kraft ihr Ende spürt.
Nunmehr ich meine Hoffnung leg
– Da alle Stützen mir verbrannten –
Dorthin, von wo ein golden Licht
In leichtem Fluss im Stufenlauf
Herab sich in mein Dunkel bricht.
Ich nehm es dankbar auf.

*Wie im Wirbeltanz*


Wie im Wirbeltanz
hastet nach schillerndem Glanz
des Menschen Sinnen.

Eitler Glanz vergeht.
Anderer Glanz in sich steht:
Leuchten von innen.

## *Palmsonntag*
*(2016)*

Einst kamen viele zu mir,
eifrig und schuldbeladen,
wollten sich öffnen
für österliche Gnaden.

Heut bleib ich im Beichtstuhl allein.
Es quälen mich viele Gedanken.
Doch will mein Glaube an die Versöhnung
auch für die Vielen nicht wanken.

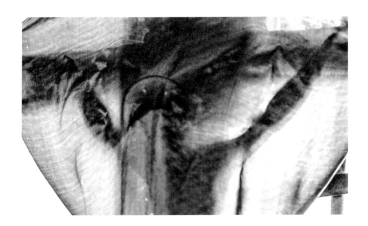

## *Christi Himmelfahrt*
*(1986)*

Christi Eintritt in
Wolke und Himmel,
Weggang und Weg für alle

*Herbst*

(1987)

Gelassenen Schritts
geh ich durch reifere Welt
des Herbsts den Heimweg

*November*
(1986)

Die weiße Birke
unter Novemberbuchen
blinkt zarte Hoffnung

*Skiabfahrt*
*(1985)*


Noch einmal blick ich von oben
ins Weite, auf schneeweiße Felder,
gleite zum Schatten der Wälder,
lasse mich fallen ins Loben

*Nach dem Urlaub*
*(1995)*


Heimgekehrt: die Briefe
stapeln sich auf dem Tisch.
Sie winken: Lies uns.
Sie überfliegend greif ich zu denen,
die Positives verheißen.
Die andern werfe ich weg.
Oder ruft im Brief selbst des Idioten
ein anderer mahnend mich an?

*Spinne*

Spinne am Abend,
Spinne am Morgen –
warum einmal: labend?
warum einmal: Sorgen?
Gleich bleibt sich Künstlerin Spinne
im silbernen Netze.
Doch unsere Blicke schwanken,
sind morgens und abends verschieden.
Befrei uns von angstvollem Sinne
und sorgender Hetze.
Befrei uns zum Schauen und Danken
und zu leuchtendem Frieden.

### *Ermutigung zum Weiterleben*

*Aus einem siebenstrophigen Gedicht des 14-Jährigen im Rückblick auf die Kriegszeit (1945)*

Heulend rufen die Sirenen,
schrecken auf den Heimgekehrten.
Krachend mahnen erste Bomben,
die die Nachbarschaft verheerten.
Stumm und steif in Keller Tiefe
– Nur die Tiere hört man schrein –
die drei Männer schaun voll Ehrfurcht
auf den Knaben, der allein
einsam nun im Leben steht,
einsam wird vom Sturm umweht.
Liebevoll nimmt seine Hände
da der Alte in die seinen:
„Arges Leid hat dich getroffen;
ach, wer möchte da nicht weinen?
Fühlst du elend dich, verlassen,
brauchst du Rat zu neuem Hoffen,
Mut und Trost zum Weiterleben,
sieh, mein Herz steht stets dir offen!"

*Warum*

Warum so einsam –
Warum bleib ich allein,
wenn andere miteinander
reden und lachen?

Warum geh ich so
mühsam auf den anderen zu
und bleibe bei mir selbst,
erfüllt vom Ich
und gar nicht offen für's Du –
das Du der Menschen
und das Du, das mich und alles in sich birgt.

## *Wahl*
*(2009)*

Am Berghang sitz ich ermattet
nach schlafgestörter Nacht.
In Rinnsalen seh ich ringsum
das Wasser fließen zu Tal.
Deut ich's als munteres Springen
oder als abwärts Versinken?
Ich spüre, ich steh vor der Wahl:
Hör ich die Vögel im Baum,
schau ich hinauf zum Licht?
Bleib ich dem nächtlichen Traum
verfangen und eigener Qual?
Geb ich den Liedern der Schöpfung Raum,
dem Säuseln des Windes, der leise spricht:
Traue dem Tag und stehe auf,
sag Ja zur Hoffnung, zu des Wassers
und deines eigenen Lebens Lauf?

## *O golden-grünes Buchenblatt*
*(2007)*

O golden-grünes Buchenblatt,
von zarter Gliederung so fein durchwoben,
hab achtlos ich dich abgestreift von Ast
und dich, am Boden liegend, nicht mehr aufgehoben?

Wirst du vom Wind verweht, vom Sturm zerhaun?
Ach, lass dich wiederum entdecken,
ins Licht erheben und voll Lieb beschaun!
Lass dich anhauchen und zum Leben neu erwecken!

Häng wieder fest am Lebensbaum, dem Hoffnungsquell,
spür seine Kraft, die oft in Künstlerhände ist geflossen
und sich zu bleibender Gestalt der Schönheit ohne Fehl,
zum Bild des Ewigen in Erz und in das Herz gegossen.

## *Die Hoffnung der drei Tage*
*(2009)*

Maria, sage, was quält deine Seele?

„Das mir Anvertraute, das Liebste
ging mir verloren.
Da ist diese Angst,
dass alles verloren ist,
dass ich untergehe,
nicht mehr gehalten von des Engels Verheißung".

Aber Du gibst es nicht auf,
weiter zu suchen bis zum dritten Tag,
da Du ihn findest mitten im Tempel,
gefangen von Gottes Wort.
Trotzdem die Frage:
Warum dieser Schmerz, warum die Trennung?
Warum, warum?

Und doch – er ist da, nicht verloren.
Gefunden durch den Abschied hindurch.
Ja, größer ist er geworden und näher zugleich,
gehorsam Dir im kleinen Ort Nazareth.

Und doch immer wieder aufbrechend, ausbrechend,
immer wieder verloren, immer wieder gefunden
bis hin zu Golgatha,
wo alles verloren geht,
wo er selber der Tempel wird,
wo alles zum Leben erblüht
am dritten Tag.

*Weh*
(2009)


Weh – Furchtbares Wort!
„Weh dem Menschen,
durch den der Menschensohn verraten wird"
schreibt Markus.
„Weh Euch", ruft Jesus bei Lukas
den Reichen zu,
den Satten, den Lachenden,
den von den Menschen Gelobten.

Weh auch meiner falschen Seligkeit,
die da baut auf eigenes Planen,
auf eigene Tugend,
auf eigene Herrlichkeit

Weh mir, wo ich bedenkenlos war
nur eigenem Sinn folgte,
mit meinem Licht andere blendete
und sie zurückließ im Dunklen.

Weh – und doch habe ich Hoffnung,
dass größer als unser Versagen,
dass weiter als unsere Enge,
dass stärker als unsere Schwäche
ist die unendliche Liebe.

*Monstranz*
*(2016)*


Aus Brot die weiße Scheibe.
Und doch ist Gott verborgen:
Der ist ja Mensch geworden
Für uns in enger Bleibe.

Er ist's, der nicht entschwebt,
der Schwachheit kennt und Sorgen,
der Schmach erlitt, für uns gestorben.
Er ist's, der für uns lebt.

*Krankenhaus der Barmherzigen Brüder*
*(Ende Juni 2016)*

Am Bettrand sitz ich,
widme mich dem Rest von Essen.
Wie könnt ich hier das All, das Nichts,
das Ewige ermessen?

Doch Du, Herr Jesus,
Du bist da in Brot und Wein,
Du ließest Dich, ein Mensch geworden,
auf alles, auf das Kleinste ein,

auf mich, auf alle andern,
auf die Zeit und auf das Sterben.
Durch Dich, den Freund, soll ich
Ewiges erahnen, Ewiges erben.

## *An den Krankenpfleger*
*Krankenhaus der Barmherzigen Brüder (Ende Juni 2016)*

Wie wunderbar sind deine milden Hände,
wenn meinen Rücken sie behutsam pflegen
und wenn du säuberst, was von Blut befleckt.

Wie wunderbar ist im Gespräch die Wende,
wenn deine leisen Worte still sich legen
auf meine Seele, die voll Angst war und erschreckt.

## *Gott – immer wieder*
*(2000)*

| | | |
|---|---|---|
| Er | immer wieder | gesucht |
| | | verloren |
| | | gedacht |
| | | bezweifelt |
| | | |
| Er | immer wieder | in weiter Ferne |
| | Immer noch | unerkannt |
| | | |
| Er | immer wieder | sehr nahe |
| | immer doch | jäher Blitz |
| | | in Bildern |
| | | in Stimmen |
| | | in Gesichtern |
| | | die wechseln |
| | | die kommen |
| | | und gehen |
| | | |
| Du | immer wieder | Bedrohung |
| | | Gesetz |
| | | angstmachende Fremde |
| | | drückende Pflicht |
| | | |
| Du Gott | immer wieder | Freiheit – der Enge |
| | | entreißend ins Weite. |
| | | Feuer im Herzen, |
| | | auch wenn es zerspringt. |

# joachim fraitzl
## gedichte

## *veni creator spiritus*

komm erschaffender geist
lasse deinen feuerstein funkeln
lasse die flamme in die
erstarrende asche fahren
hellauf
verhindertes wachstum darf spriessen
fest verankert
schwebend frei

*motto*

meine flügel
weit ausgebreitet für den
aufwind den notwendigen
gedankenflüge
inspirationen
neue aufsichten
von ganz weit oben

*jetzt*

mir wird es an nichts fehlen
der siebenarmige leuchter führe
mich an die ufer der grünen auen
babylonischer flüsse
sonnenummantelte fruchtbarkeit
gespeist von tragender wärme der erde
knospenartige freudigkeit
kündet frühlingsfühlen
aufbruch in die leichtigkeit

*tägliches brot*


sprachspäne wandeln sich zu wortmehl
sauerteiggewässert
umhüllt die schwarze kruste
das fein gemahlene wesentliche
unverdienter
liebesdienst der weitergabe

*pater noster*

mein vater
in mir wie meine vorväter
mein heil bist du
dein reich ist hier und überall
aufgerichtet von dir
gerichtet im kreuzungspunkt
gib der bedürftigen seele
ihre tägliche wegzehrung
auf dass sie nicht aufgespalten wird
und in frieden mitwachsen kann
zu deinem größeren ansehen
tilge meine schuldensünden
meine schuldner will ich schon
vorher freimachen
führe mich durch die versuchung
hindurch
denn in dir vater
ist meine kraft begründet
die mächtigkeit und das immerwährende

*ohne worte*

haltlos selbstvergessen und getrieben
in einer vermeintlich friedfertigen zeit
verwunschene glückwünsche auf
dem weg vergessen
eingespannt in verantwortung
die eigene spur aber spürend
verharrend auf dem alten gleis
eingefrorene einhauchungen
zitternd
kalt in verweilender unruhe
in die berge flieh ich wie ein vogel
psalm elf

*erfahrung*


sehen
den schritt hinüber
in die gleissende weite
der stille

*reifung*

windhauch spüren
seelenfrieden suchen
weg mit dem schatten über dem herzen
geniessen können reuelos
und
überfließendes weitergeben

*georg friedrich händel*

geflohen
aus der umklammerung des barock
in das gelobte engelland
einer von ihnen geworden
im uferlosen ausdruck des flusses
unfassbares festgehalten und
schöpferisch ins unermessliche gegangen
innen wie aussen
seherisch jubilierend
blind geworden
bleibend

## *johann sebastian bach*

dissonante harmonie im gegenrhythmus
flüchtige schwärze
der bewegungen im sieben achtel takt
berührtes schweigen
als antwort des fugalen weiterhörens
getragen und geführt von einer
basso ostinato litanei
wache auf und höre
die geballte einladung
im silbernen ton der orgel
kontrapunktiges eingebundensein
in die teilhaberschaft der schöpfung
mittreissend tragender fluss

*iphigenie*

dein höhlenherdmensch
ruft nach erlösung aus seinem gefängnis
das tor ist weit geöffnet
geh doch endlich raus
heimwärts
zu dir

*medea*

weggegangen vom vater
verraten und verlassen in allem
ohne anfang grenzenlos
dasein und nicht anwesend
auf reifung bauend
radikal aus der unterwelt erwachsend  in tausend köpfen
aufrichtende hinwendung
zum vergeblichen jason
alles verzehrende ohnmacht der liebe

*eurydike*

du mundstille breitsprecherin
gehst deinen weg als schatten
hinter den schatten
mit dem swingenden bluessänger
geteilt und getrennt
vom hades bis zu den sieben himmeln
und zurück
bis zur einung

*homerischer zeus*

wolkenverschiebende
erdbewegende
blitzeschleuderndewellenverdrängende
donnergrollende
lustlose
ausrangierte
gottheit

## *hephaistos*

in der tiefe scheinbar friedlich wartend
brandgefährlich
glimmasche in zurückgefahrener esse
schmiedung zur feuerszeit
entfesselter hammer in gerichteter bewegung
prägender amboss in lodernder transformation
geschmeidelebender ausdruck
gesichtet in brennender energie
valenzen im tönenden schweigen geboren
schattendurchwirkte illusionen
vergütet mit göttlichem humus
unendliche transparenz der
manifestierten lichten zeugung

*stimmlose*

zerberus
hüter der schwelle
und
und sagte kein einziges wort

*weltbildkorrektur*


die scheibe der antike
diskos
gerundet in den vollkreis galileis
die phänomena der moderne
erweiternd gesprengt durch uns heutige
allmächtig kleingewordene
noch immer an nabelschnurfäden
anhängende

*sichtweisen*

schau hin
steinwälle vor dem abgeschotteten herzen
versiegende rinnsale
die sich zur überschwappenden flut auftürmen
vergeblich wartend auf dämmende
befriedung
mitgerissener berg
verwunschener fluss
schau genau hin

## *1945*

bei der geburt ist jeder vereint
allein
mutter und kind
wie oft ist ICH allein
wie oft einsam und allein
mit sich –
und danach

*see*

aus dem dunst heraus
ein einziges nebelschiff
auf der breiten silbernen see
sehnsuchtswind
aus der ferne hergetragen
kälteklirrende sphären
mit verspielt tanzenden
luftkristallen
gebanntes schauen

*landschaften*

schwarz glänzender asphalt
zerschneidet den stumpfen altschnee
stumme schneisen
begleitet von müden strommasten
blattlose koryphäeneichen
bewegen ihre unschlüssigen baumkronen
keine antworten
weit und breit
keine erklärungen
der mensch lebt nicht nach
den regeln der vernunft

*wegweisung*

das ist noch nicht der richtige pfad
das nadelöhr ist noch zu weit für eine nachtfahrt
aufspüren der seelenrauhtiefe
ballast ohne ortung
treibend kieloben
verhinderung als geheuchelte leichtigkeit
der hintergrund plattgedrückt durch masslose gegenwart
zeichen die keiner versteht finden zustimmung
additive fehlrechnungen

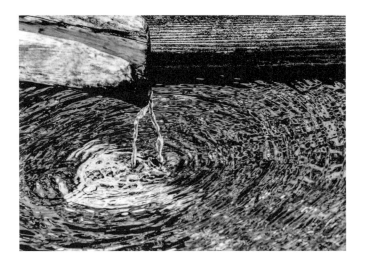

*sucht*

der aufbrechende wallfahrer
sucht
die ruhende nabe im zentrum
des unwuchtigen rades
ankommend in zeitnot
überschallartiges einstehen
ungeordneter wellenübergänge
dabei braucht bedürftige stille
kreissende Sprachträchtigkeit
gründige bildersprache in die einfachheit
sternschnuppengeschenke
verglühend eingefangen
eingebrannt

*kontrapunkte*


die ruhende nabe
im innersten des schwungrades
weist hin auf die unruhe
in der äußersten zentrifugalen

## *kreislauf*

freiheit die endlose
die meine ich
meine
jetzt erst erkannte
hinausführend in die weite
der möglichkeiten
einengend und doch beängstigend weit
aufgeregt verharrend
in geschenkter wiedererlangter freiheit
umkehr in gedanken und wirken
wirkstoff: ruhende nabe
im umkreis unseres horizontes
wiedererweckung untätig schlummender kräfte
zurück in den jahrmarkt der eitelkeiten
neuanfang in der nachruinenzeit

*herbst wird es*


maulwurfpyramiden
taumeln in den herbst
erhaben in ihrer neuerungswut
durchlüftung der müden erde
intelligentes räderbergwerk
ohne menschenhand
sinnvolle ergänzung für
neuerung

*weinlese*

o frau lass diesen einen blutroten
kelch an mir vorüberrauschen
durch alle galaxien hin
bis er bricht an der schwere der
eigenen fragilität in hoffnungslose scherben
auferstehend als erheiterndes kaleidoskop
im vollmundigen wohlgefühl
meiner spätlesigkeit

*du*

woher kommst du
wer bist du
ängstlich aber tief wissend
grenzüberschreitende wellen
und kreuzungen auf meinem weg
wohin gehst du
wohin

*brief an dich*

warum wollen sich die blätter nicht füllen
warum will keiner von dem schmerz hören
den ich zu berichten weiß
salzige tränen nur
bearbeiten das sich wellende papier
wellen die dich berühren können
und morgen schlage ich
meine unbeschriebenen dokumente
an die schwarze tafel
dort mögen sie ihren sinn erfüllen
unleserliche tränen in antiqua

*sommersonnenwende*

der sommer verblüht
sich verzehrend im
sonnendurchwirkten gestrüpp
herbstzeitlosen schleichen sich ein
in meine welt
was haben sie als los für mich bereit
pinkfarbenes heimkommen
zu mir
erlöste ruhelosigkeit

*karriereende*

wehmütige abschiedsvorstellung
das schauspiel ist aus
der applaus wird dünner
plötzlich stille
staubig leere bretter
die keine welt mehr bedeuten
ende der ruhelosigkeit
herz sei ruhig

*es fehlt*

in meinem gesicht steht abreise
notwendig
verknüpft mit dem schneckenhaus
aus dem jetzt heftigere kälte grimmt
wendungen
nebengleise
neue weichen
und nichts als dies
es fehlt noch

*kriegerlied*

wie bekomme ich den müden krieger
mit dem quicklebendigen visionär
unter einen meinen hut
ich werde mich verbünden

*möglichkeiten*

du grenzenloser verwandlungsschmerz
stumm noch bleibt der schrei
das kreuz zu ertragen gebiert mut
wie schwer diesem gefühl von leichtigkeit nachzuspüren
trotz der schier unüberwindlichen trauer
mache ich mich auf den weg
über die mauer
in mein himmliches land
ich
der vom vater aufgerichtete

*essentielles*


wie geschieht endliches leben
wie trifft endgültiger tod
was ist das bedeutungsvolle dazwischen
wer will es klären
wer stellt die fraglosen antworten

ich und du

erbarme dich

# Inhalt

Geleitwort .................................... 6

## Odilo Lechner

Klostergarten und Christusplastik ................. 9
Monte Cassino ................................ 10
Jakobsleiter .................................. 12
Wie im Wirbeltanz ............................. 13
Palmsonntag ................................. 14
Christi Himmelfahrt ........................... 16
Herbst ....................................... 17
November .................................... 18
Skiabfahrt .................................... 19
Nach dem Urlaub .............................. 20
Spinne ....................................... 21
Ermutigung zum Weiterleben .................... 22
Warum ...................................... 23
Wahl ........................................ 24
O golden-grünes Buchenblatt .................... 25
Die Hoffnung der drei Tage ..................... 27
Weh ......................................... 28
Monstranz ................................... 29
Krankenhaus der Barmherzigen Brüder ........... 30
An den Krankenpfleger ......................... 32
Gott – immer wieder .......................... 33

## joachim fraitzl

veni creator spiritus ........................... 37
motto ....................................... 38

| | |
|---|---|
| jetzt | 39 |
| tägliches brot | 40 |
| pater noster | 41 |
| ohne worte | 43 |
| erfahrung | 44 |
| reifung | 45 |
| georg friedrich händel | 46 |
| johann sebastian bach | 47 |
| iphigenie | 48 |
| medea | 49 |
| eurydike | 50 |
| homerischer zeus | 51 |
| hephaistos | 53 |
| stimmlose | 54 |
| weltbildkorrektur | 55 |
| sichtweisen | 56 |
| 1945 | 57 |
| see | 59 |
| landschaften | 60 |
| wegweisung | 61 |
| sucht | 63 |
| kontrapunkte | 64 |
| kreislauf | 65 |
| herbst wird es | 66 |
| weinlese | 67 |
| du | 69 |
| brief an dich | 70 |
| sommersonnenwende | 71 |
| karriereende | 72 |
| es fehlt | 73 |
| kriegerlied | 74 |
| möglichkeiten | 75 |
| essentielles | 76 |